PAULO AMAZONAS

APRENDENDO INGLÊS

O SEGREDO

COMO SE TORNAR FLUENTE

ubook UBK
Publishing House

ubook ubk Publishing House

COORDENAÇÃO Alessandra Brito
EDIÇÃO Nikita Sigrist
COPIDESQUE Iuri Pavan
PROJETO GRÁFICO Clarissa Duarte
ADAPTAÇÃO DE CAPA Clarissa Duarte
CAPA ORIGINAL Vitor Costa
IMAGEM DO MIOLO cutelittlethings | iStock

Dados Internacionais de Catalogação na Publicação (CIP)
(Câmara Brasileira do Livro, SP, Brasil)

Amazonas, Paulo
Aprendendo inglês : o segredo / Paulo Amazonas. -- 2. ed. -- Rio de Janeiro : Ubook Editora, 2021.

ISBN 978-65-5875-539-5

1. Inglês - Estudo e ensino I. Título.

21-77630 CDD-420.7

Índices para catálogo sistemático:

1. Inglês : Estudo e ensino 420.7

Cibele Maria Dias - Bibliotecária - CRB-8/9427

Ubook Editora S.A
Av. das Américas, 500, Bloco 12, Salas 303/304,
Barra da Tijuca, Rio de Janeiro/RJ.
Cep.: 22.640-100
Tel.: (21) 3570-8150

AGRADECIMENTOS

Primeiramente, gostaria de agradecer a Deus, por tudo que tem feito em minha vida — sem Ele, nada seria possível. Agradeço também a meu pai, Santino (*in memoriam*), por todos os ensinamentos nos 18 anos que passou a meu lado. À minha mãe, Ana Lúcia, que me deu a vida e sempre acreditou em mim. À minha esposa, Viviane, que tem sido o alicerce de minhas conquistas. A meus filhos, Thaís, Douglas, Alexandre e Nicholas, simplesmente por existirem e me proporcionarem tantas alegrias. A minhas lindas irmãs, Janaína e Luciana, e meus sobrinhos, Christopher, Sophia e Olivia. Por fim, a meu "paidrasto", Joe, que foi a base de minha família depois da partida de meu pai.

SUMÁRIO

PREFÁCIO

Conheço o prof. Paulo Amazonas há muitos anos. Foi meu professor de inglês por algum tempo, bem como de outros advogados aqui do escritório. Caracteriza-se por ser uma pessoa focada no que faz e procura firmemente estimular seus alunos ao aprendizado, estimulando-os a não esmorecer.

Sua mensagem, muito bem colocada em seu *Aprendendo inglês – O segredo*, corresponde ao caminho pelo qual ele sempre procurou conduzir os seus alunos até atingirem o nível que lhes satisfaça.

Mas, também deixou claro que esse nível depende, antes de mais nada, do próprio aluno. Ou seja, está intimamente ligado à postura e querer do aluno.

Pessoa de alta credibilidade, sempre voltado ao bem de todos que o cercam, o prof. Paulo Amazonas indica em seu livro uma singela e profunda lição de vida: quer? É possível? Então lute pelo objetivo e não desista!

SEVERINO SILVA, ADVOGADO E ESCRITOR

INTRODUÇÃO

A ideia de escrever este livro surgiu de uma inspiração divina no momento em que eu desenvolvia os livros didáticos para minha escola. Inicialmente, achei impossível escrever os textos a seguir, mas obedeci à vontade de Deus, pois estava certo de que Ele me capacitaria para esse propósito.

Não pretendi que este fosse um manual técnico. O que quero, aqui, é destacar que todo ser humano tem a capacidade de aprender outro idioma — no caso, o inglês —, desde que haja forte motivação interna e uma grande dose de perseverança durante o aprendizado.

Durante meus anos de sala de aula, ficou bem claro para mim que o que impede as pessoas de aprender inglês é justamente a falta de determinação. Ou seja, somente os alunos que desejam muito evoluir e que colocam os estudos como prioridade em suas vidas atingem a fluência.

Espero que gostem deste livro e tirem o máximo dele para alcançar a meta de dominar o inglês a partir das dicas que reuni. Minha missão estará cumprida se ao menos uma pessoa concretizar este objetivo, pois sei que o domínio de um segundo idioma pode mudar a vida das pessoas.

Desejo sucesso a todos os leitores. Que vocês possam fazer parte do seleto grupo de bilíngues no mundo. Só depende de vocês!

Seu sonho de aprender
inglês começa hoje!

1

O SEGREDO

Por muito tempo, este segredo foi guardado a sete chaves pelas escolas de idiomas. Em sua grande maioria, a elas interessa apenas manter, pelo maior tempo possível, a frequência de alunos, que pagam mensalidades exorbitantes e compram seus caros materiais didáticos.

Portanto, este material foi criado com o simples intuito de mostrar às pessoas o caminho definitivo para o aprendizado, não só de inglês, como de qualquer idioma. Com a leitura deste livro, as pessoas passarão a ver o estudo de línguas sob uma nova ótica, entendendo que o processo de aprendizagem não depende somente da instituição de ensino, do material didático e do professor.

Leia com atenção, reflita sobre os princípios abordados e aplique-os em sua trajetória de estudos. Faça isso e esteja certo de que alcançará seu objetivo principal. Ao chegar lá, compartilhe este material com todas as pessoas que você conhece que já tentaram por diversas vezes aprender inglês e não obtiveram sucesso nessa empreitada ainda. Se conseguirmos mudar a vida de pelo menos uma delas, já terá valido a pena. Boa leitura!

O aprendizado de
um novo idioma é um
projeto de vida.

2

UM PROJETO DE VIDA

Querido leitor, sinto dizer, todavia, que não há segredo algum. Você deve estar em choque neste momento, pois comprou este livro com o intuito de descobrir um segredo que simplesmente não existe. No entanto, essa é a mais pura verdade. A grande maioria das pessoas não aprende inglês simplesmente porque desiste no meio do caminho. O mais lamentável é que muitas dessas pessoas possuem um potencial incrível para atingir a fluência, detentoras de grande talento, mas não têm persistência.

Essa desistência se dá por diversos fatores: falta de motivação, de incentivo, de tempo ou de dinheiro, cansaço, problemas familiares ou mesmo a convicção de que, depois de muito tempo, não houve progresso. O fato é que os motivos acima mencionados são apenas desculpas que algumas pessoas buscam para justificar as próprias falhas. Na realidade, quando essas pessoas desistem, mal lembram do motivo pelo qual se matricularam em uma escola de inglês. Pensando estrategicamente, esta não é nem mesmo uma decisão inteligente, pois tempo e dinheiro foram investidos em uma causa cujo

objetivo principal não foi atingido. Ninguém se matricula em uma escola de inglês à toa. Mais cedo ou mais tarde, esse projeto inacabado terá que ser retomado. O pior? Terá que ser retomado desde o início, pois certamente grande parte do conteúdo já terá sido esquecido.

E você sabe por que ele deverá ser retomado? Porque um segundo idioma é imprescindível para quem almeja ter mais oportunidades na vida. Além do mais, é algo que o fará ganhar mais respeito e se diferenciar do restante da massa. E, para quem vive no exterior, conhecer o idioma de seu país de residência é uma questão de obrigação.

Então, quantas vezes você ainda pretende desistir e recomeçar? O aprendizado de um segundo idioma é um projeto de vida. É algo que invariavelmente muda a vida das pessoas para melhor. Quando você irá parar de culpar o professor, a instituição e o método para justificar suas próprias falhas e limitações? Aceite que a responsabilidade por suas decisões é única e exclusivamente sua e de mais ninguém. O inglês é uma língua relativamente fácil, bem menos complexa do que o nosso idioma materno, então tudo o que você precisa para dominá-lo é persistência.

Primeiramente, você deve ter uma gana implacável de aprender o idioma — aí está o início de tudo. Sem esse sentimento, não adianta nem começar, pois será perda de tempo e dinheiro. Veja, não se trata de gostar ou não da língua, mas sim de cultivar o anseio necessário para o processo de aprendizado. Esse desejo deve vir de dentro e precisa ser renovado constantemente nessa caminhada.

De nada adianta ter aquela vontade inicial se, depois, você simplesmente deixar que ela esfrie. Como diz o velho ditado: "Vontade é coisa que dá e passa." É necessário colocar combustível nesse impulso. Imagine-se falando inglês, conseguindo um bom emprego e interagindo com outras pessoas. Da mesma forma, é importante relembrar os constrangimentos sofridos e as oportunidades perdidas pela falta do inglês. Fazendo esse exercício, você manterá a chama da motivação acesa e dificilmente desistirá de seu projeto no meio do caminho.

O mais interessante é que diversos estudos constatam que, ao executarmos uma tarefa com certa frequência e por um tempo determinado, criamos um hábito. Basta pensar nas atividades que fazemos diariamente, tais como escovar os dentes e tomar banho. Ninguém deixa de fazer essas coisas, certo? Elas já estão no automático, e nem pensamos muito antes de pô-las em práticas. Então, por que não aplicar essa estratégia ao estudo de inglês?

Eu mesmo vivenciei e ainda vivencio isso em sala de aula. Percebo que os alunos que se saem bem são aqueles que realmente colocam o estudo do inglês como uma atividade obrigatória do dia a dia, parte de sua rotina. Eles encaram o curso com a mesma seriedade que encaram seus empregos e demais compromissos.

Para ter sucesso, é imprescindível que você tire seu projeto do campo das ideias.

3

TRACE SUA META

Traçar uma meta é um dos passos mais importantes para quem deseja aprender inglês, pois, sem planejamento, certamente não se chega a lugar nenhum. Esse já foi o erro de muitas pessoas que fracassaram em seus projetos e estudos. Já dizia o velho ditado: "Para quem não sabe aonde vai, qualquer caminho serve." É simples assim.

Não há mistério nesta lição. Primeiramente, é preciso estabelecer uma meta. Em segundo lugar, você deve desenvolver um plano de ação. Por fim, deve definir um prazo para alcançar esse objetivo. Além disso, para ter sucesso, é imprescindível que você tire seu projeto do campo das ideias. Dê vida a ele: escreva-o em uma folha de papel, coloque-o em sua mesa de cabeceira e leia-o diariamente. Esse exercício fará toda a diferença durante o processo, mas falaremos mais adiante sobre isso.

Quando estudamos casos de pessoas que mudaram o rumo da humanidade com suas criações, observamos um ponto em comum: todos escreviam suas metas e consultavam-nas constantemente, para não as esquecer e, sobretudo, para manter o foco. Faça o mesmo, pois, se funcionou para eles, sem dúvida funcionará para você.

Então, vamos aos passos. Sua meta é aprender inglês? Escreva-a em uma folha de papel. Trace um plano de ação: como você aprenderá o idioma? Estudará uma hora diária com videoaulas, irá se matricular em uma escola ou em um curso on-line, estudará com o apoio de um material didático, ou contratará um professor particular? Seja qual for o plano de ação, ele deve ser executado imediatamente. Não deixe espaço para a desmotivação. É exatamente nesse ponto que inúmeros projetos morrem antes mesmo de ganhar vida, por causa da procrastinação. Muitos deixam para amanhã o que pode ser feito hoje, e, assim, os dias, os meses, os anos se passam sem que nada seja concretizado.

Por fim, defina a data para o dia em que você estará falando inglês fluentemente. Pode ser dentro de um ano, dois, três... depende de você. O que importa é entender que uma meta é inútil sem um prazo estabelecido; é necessário um período de realização com começo, meio e fim. Adotar uma postura flexível com relação a isso — a ideia de que "quando der para chegar lá, eu chego" — certamente o levará à desmotivação. Quem, por exemplo, quer sair para uma viagem sem saber quando vai chegar? Não é assim que as coisas funcionam. Na verdade, o planejamento inicial é o que motiva a pessoa a continuar nos momentos mais difíceis, pois é um lembrete de que ela tem uma meta e de que tomou a decisão de aprender inglês para aprimorar a si mesmo.

Siga esses passos e, com toda a certeza, você chegará lá. Eu mesmo consegui e fui testemunha de muitos amigos e alunos que foram bem-sucedidos sobretudo porque traçaram seus objetivos e seguiram adiante com garra até a gloriosa linha de chegada. Se eles conseguiram, por que você não conseguiria? Em que essas pessoas são melhores que você? Em nada! Apenas tiveram foco.

"Você é capaz de qualquer coisa; tudo que precisa é ter confiança e seguir em frente com foco e determinação."

4

O LUGAR MAIS PRÓSPERO DO MUNDO

Você já ouviu falar do lugar mais próspero do mundo? Ele se chama cemitério. Esse é o lugar onde muitos sonhos são enterrados, junto com as pessoas que não ousaram colocá-los em ação através dos dons concedidos por Deus. Ele não criou um ser humano sequer na face da Terra que não possuísse um dom. Seja cozinhar muito bem, construir casas, ensinar, cantar, limpar bem um carro, cortar cabelo etc., todos temos um dom. Pense que nossos sonhos e projetos só podem ser trazidos à vida por nós mesmos, através de nossos dons. Tudo que já foi criado pelo homem até hoje — carros, móveis, internet, enfim — só pôde sugir das mãos das pessoas que criaram, pois as ideias que elas concretizaram estavam em suas mentes. Deus nos deu um cérebro e este é mais poderoso do que você pode imaginar. Sendo assim, use-o. Reflita sobre isso e coloque em prática todos os seus projetos esquecidos na gaveta o quanto antes para que eles não morram com você um dia. Já pensou se Bill Gates, Steve Jobs, Henry Ford, entre outros, não tivessem ousado e executado seus planos? Hoje não teríamos muitas das tecnologias que mudaram o rumo da humanidade e melhoraram infinitamente nossas vidas.

Então, aja agora mesmo, não espere mais um segundo, traga seus sonhos à vida e faça do mundo um lugar melhor para se viver. No que se refere ao aprendizado do idioma, pense o seguinte: se a nossa mente é capaz de realizar tantas coisas incríveis e grandiosas, por que não aprenderia um idioma simples como o inglês? Você é capaz de qualquer coisa; tudo que precisa é ter confiança e seguir em frente com foco e determinação. Assim, você certamente alcançará um novo patamar. Isso vale tanto para o inglês quanto para a vida.

As distrações o testarão a todo momento e, na falta de força de vontade, o farão desistir de seu projeto.

5

CUIDADO COM AS DISTRAÇÕES

Este é um dos pontos mais importantes na caminhada do estudo de inglês. As distrações são as maiores inimigas dos estudantes e estão por toda parte, atrapalhando seu aprendizado e tirando você do foco. As distrações o testarão a todo momento e, na falta de força de vontade, o farão desistir de seu projeto. O mais triste é que, muitas vezes, elas vencem. Imagine que seu projeto seja um túnel no qual você está dirigindo; ao olhar para os lados ou pelo retrovisor, você corre sério risco de bater e ficar retido no meio do caminho. Em outras palavras, é preciso manter o foco no objetivo.

Outro ponto de atenção são as pessoas, pois elas também servem como distrações. Não se surpreenda se, entre elas, estiverem amigos e parentes — alguns tentarão desanimá-lo e convencê-lo o tempo todo a fazer outras coisas e deixar seu projeto de lado. Isso porque, quando temos um objetivo na vida, acabamos, de certa forma, incomodando os que não têm, pois nossa conquista prova a incompetência deles. Há outro ditado que diz: "As pessoas querem te ver bem, mas nunca melhor que elas." Embora não possamos generalizar, há um fundo de verdade nele. São poucas as pessoas que ficam felizes com o sucesso alheio.

Uma boa estratégia para não deixar pessoas tirarem o seu foco é ser discreto. Em vez de espalhar para os quatro cantos que você está estudando inglês, fazendo isso ou aquilo, fique em silêncio e deixe que suas realizações falem por si próprias.

Seus pensamentos e
suas atitudes ditam
sua vida.

6

PENSE POSITIVO

Tenho percebido muita negatividade em sala de aula. Inúmeros alunos já chegam convencidos de que nunca irão aprender inglês. As razões que eles citam são várias: é um idioma muito difícil, é impossível aprender depois de velho, é preciso morar fora ou ter nascido nos Estados Unidos etc. Desculpas e mais desculpas... Se você realmente acha que nunca vai aprender inglês, você está certo. No entanto, se você pensa que é possível, você também está certo. Você é o que pensa que é. Simples assim.

Seus pensamentos e suas atitudes ditam sua vida. Então, por que não adotar uma postura mais positiva? Por que não acreditar em sua própria capacidade, inclusive de aprender um novo idioma? Não seria mais fácil assim? Começar um projeto (tal como aprender inglês) com uma mentalidade mais otimista fará de você alguém que não desiste facilmente e termina tudo o que começa.

Essa é a grande diferença entre as pessoas que conseguiram dominar a língua e as que abandonaram vários cursos — ou, em alguns casos, as que nunca tiveram coragem e disposição para sequer começar um, sempre à espera do "momento ideal". A verdade é que o melhor momento nunca existirá: ou você o cria, ou nunca realizará nada substancial em sua vida. Então, vamos lá, a hora é agora.

A tão sonhada fluência

é só uma questão de

tempo, perseverança e

consistência.

7

O MEDO DE FALAR INGLÊS

Medo de quê? Medo de um idioma que é infinitamente mais fácil e mais prático do que o português? Acorde! Não há o que temer. Enfrente esse desafio e veja com seus próprios olhos que o inglês não é, nunca foi e nunca será um bicho de sete cabeças. É normal termos medo do desconhecido, mas esteja certo de que as melhores coisas da vida estão do outro lado do medo, inclusive a fluência em inglês.

Sair da zona de conforto causa insegurança, sim, mas é necessário superar esse obstáculo, que só existe dentro de você. Avance para o seu alvo sem olhar para trás. Ignore as vozes negativas de quem fracassou e não quer que você prospere — você não deve nada a essas pessoas. Se há alguém que você precisa escutar, são as pessoas que superaram suas barreiras e aprenderam a falar inglês.

Pense em quantos desafios você já venceu na vida até chegar aqui. Tenho a mais absoluta certeza de que muitos deles foram bem maiores do que aprender um novo idioma. Posso te garantir que, se você já estuda ou estudou inglês, tem bom vocabulário e conhece a gramática inglesa, você está apto a falar. Basta abrir a boca e falar, seja gaguejando, seja parando para pensar, seja traduzindo, seja pagando mico. Não importa como, o importante é se expressar.

Esse é um processo pelo qual todos, inevitavelmente, têm que passar, pois ninguém começa a falar fluentemente do nada. Ninguém poderá fazer isso em seu lugar, portanto, vença o medo e se comunique em inglês. A tão sonhada fluência é só uma questão de tempo, perseverança e consistência.

Isso explica, inclusive, por que muitos brasileiros que moram nos Estados Unidos e nunca estudaram inglês conseguem falar fluentemente a língua. Eles aprenderam ouvindo. Decifraram o idioma e não tiveram medo nem vergonha de se expressar — o que é muito mais difícil. Enquanto isso, vários estudam por anos e mal conseguem se apresentar para um nativo. É preciso ter atitude!

Sendo assim, pergunto mais uma vez: se eles conseguiram sem estudo, por que você não conseguiria estudando?

Sem o inglês nesta Terra, será muito difícil que as portas se abram para novas oportunidades.

8

BRASIL × EUA: REALIDADES DIFERENTES

BRASIL X EUA – APRENDENDO INGLÊS

Prezados leitores, precisamos ter em mente que aprender inglês nos Estados Unidos e aprender no Brasil são duas realidades totalmente distintas. Pelo lado positivo, quando estudamos nos EUA, estamos em um ambiente muito favorável ao aprendizado do novo idioma: somos expostos diariamente a uma grande gama de informações e podemos aplicar os aprendizados no cotidiano — lendo placas, conversando com nativos, escutando músicas, vendo filmes, assistindo ao noticiário e até mesmo fazendo compras.

Por outro lado, a carga de trabalho pesada e excessiva de homens e mulheres imigrantes nos EUA, que costumam trabalhar em construções e limpezas de residências, acaba tirando grande parte da motivação dessas pessoas para seguir com os estudos fora do expediente, levando-as, com muita frequência, a desistir do curso antes da conclusão. Em outros casos, elas desistem até de aprender inglês, pois se acomodam em comunidades nas quais o idioma não é necessário.

Reconheço que não é tarefa fácil, após uma dura jornada de trabalho, ter disposição para estudar. No entanto, é imprescindível que o aluno busque motivação dentro de si para superar tais dificuldades. Pense no seguinte: sem inglês, será muito difícil que as portas para novas oportunidades se abram. Então, sejam corajosos e perseverantes.

Além do mais, se inglês é o idioma do país que escolhemos para viver, é inadmissível que não tenhamos interesse em aprendê-lo. Tire de todos os constrangimentos pelos quais você passou e das oportunidades que perdeu o combustível necessário para os estudos. Tenha certeza de que, no fim dessa caminhada, você se sentirá um verdadeiro vencedor, pois, apesar das dificuldades, você prosperou. Esse sentimento raro e que não tem preço.

Em relação ao estudo de inglês no Brasil, acredito que é preciso ainda mais força de vontade, pois as possibilidades de praticar o conhecimento adquirido no cotidiano são escassas. Sendo assim, o estudante deve redobrar o foco para não desistir no meio do caminho, além de tirar o máximo de proveito possível das aulas. A boa notícia é que, nos dias de hoje, temos um sem-número de possibilidades para praticar o inglês virtualmente, com aplicativos, fóruns de estudos, Skype, cursos on-line, entre outros recursos. Então, meus queridos, aproveitem sem moderação!

Ainda me lembro dos velhos tempos de professor no Brasil. Nas minhas aulas extras com filmes americanos, colava fita isolante na tela para que os alunos não lessem as legendas em português. Também os incentivava a encontrar um *pen pal* estrangeiro com quem pudessem se corresponder em inglês, como forma de praticar o idioma. Graças a Deus, esses tempos se foram para nunca mais voltar.

Por fim, esteja onde estiver, o mais importante é que você tenha um plano de estudo e um objetivo claro para seguir em frente. Sejam quais forem os obstáculos, mantenha a mira no alvo e não deixe que as distrações o tirem da rota. Lembre-se: aprender inglês é fácil, difícil é a caminhada do aprendizado. Tenha foco e determinação!

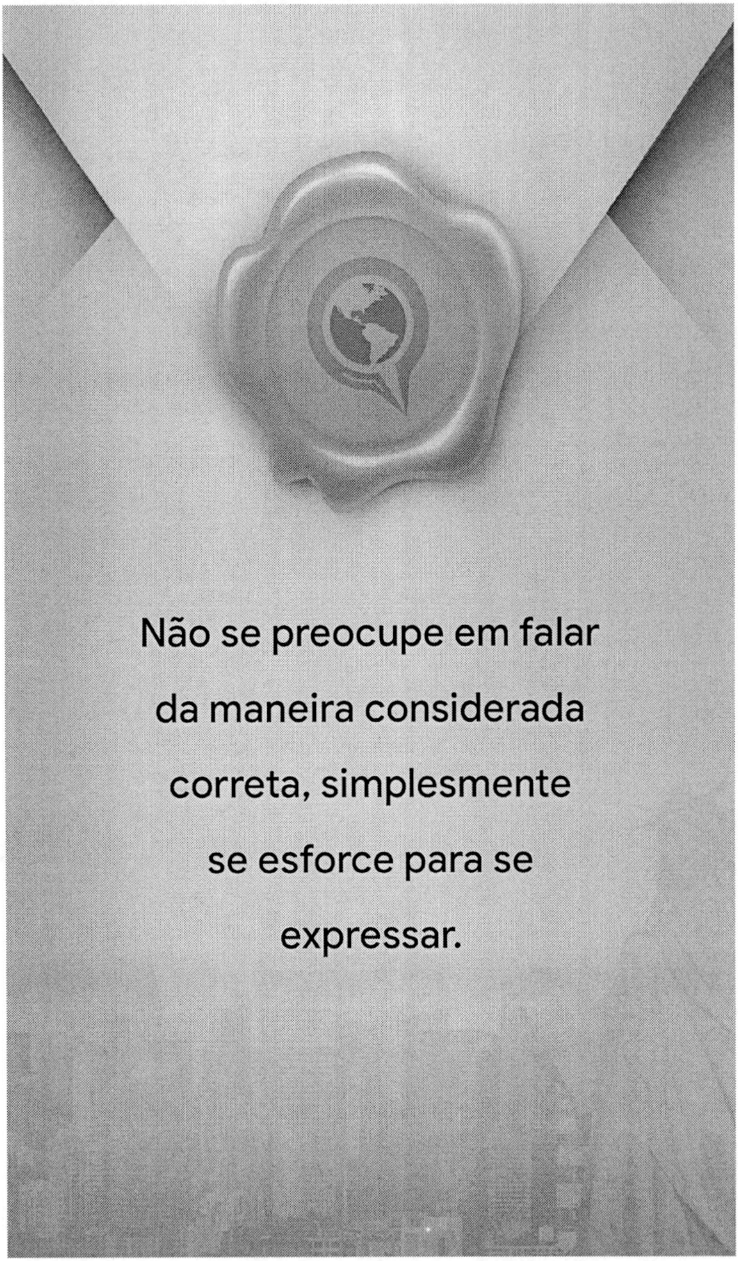
Não se preocupe em falar da maneira considerada correta, simplesmente se esforce para se expressar.

9

“ENTENDO TUDO, MAS NÃO CONSIGO FALAR”

É mais comum do que você imagina ouvir dos alunos: “Eu entendo tudo, mas não consigo falar.” Não entre em pânico — é completamente normal. Entender o que as pessoas falam é a primeira etapa no processo de aprendizagem. Pense no aprendizado de uma criança: primeiro, ela começa a compreender para, então, passar a falar. Ainda assim, ela começa errando e, com o tempo, vai melhorando gradativamente. Se esse for o seu caso, em vez de se sentir frustrado, sinta-se orgulhoso, pois você está no caminho certo.

A verdade é que, se você já consegue entender bem o inglês, é porque já deve ter um conhecimento razoável de vocabulário e usos. É também um sinal de que você já está colhendo os frutos de sua dedicação nos estudos, ou de que já esteve bastante exposto ao idioma em contato com nativos. Caso você se encontre nessa situação, precisará de dedicação extra para começar a dizer as primeiras frases em inglês, se quiser atingir a tão sonhada fluência. Nesse ponto, para que você possa desenvolver a fala, terá que abrir a boca e tentar se expressar, vencendo não apenas o medo, mas principalmente a vergonha. Vamos lá! Você já possui conteúdo suficiente para quebrar essa barreira. Não se preocupe em falar da maneira considerada correta, simplesmente se esforce para se expressar. Comece como uma criança, falando devagar, cometendo erros, pagando mico e, quando menos esperar, estará se comunicando já com alguma confiança. Tudo que você precisa é dar o primeiro passo — e lembre-se: só você pode fazer isso por você mesmo.

Mesmo que você não viva em um país de língua inglesa, não há desculpas para não praticar seu inglês. Existem inúmeras formas de fazer contato com estrangeiros através das mídias sociais, além de aulas de conversação disponíveis virtualmene. Então, mova-se em direção ao seu objetivo e pare apenas quando chegar lá. *Come on*!

Se você não se esforçar,
não levar a sério e não
tiver força de vontade,
não chegará a lugar algum.

10

ESFORÇADOS × TALENTOSOS

Eis uma questão bastante interessante, que pude constatar dentro de sala nos mais de vinte anos lecionando inglês no Brasil e nos EUA. Durante esse período, tive a oportunidade de ter todos os tipos imagináveis de alunos, porém os esforçados e os talentosos foram os tipos que mais me chamaram a atenção. Os alunos talentosos têm um potencial impressionante para o aprendizado do novo idioma; bastam um pouco de disciplina e uma dose de perseverança para que, em pouco tempo, estejam fluentes. No entanto, o que ocorre é que algumas dessas pessoas simplesmente desperdiçam seu talento pela falta de foco e não atingem seu objetivo.

Por outro lado, muitos alunos apresentam grande dificuldade de aprender e, em alguns casos, pouco conhecimento da língua portuguesa, mas, por outro lado, têm ingredientes importantes, que são a persistência e a força de vontade fora do comum. Nesse último caso, essas pessoas conseguem alcançar sua meta pelo simples fato de não terem desistido no meio do caminho, substituindo o talento nato pela garra, pela energia e pelo anseio de dominar a nova língua.

Sendo assim, não importa o quanto você saiba português ou tenha avançado em seus estudos; se você não se esforçar, não levar a sério e não tiver força de vontade, não chegará a lugar algum, não só no inglês, como em tudo na vida.

Entenda: ninguém aprende um idioma sem querer ou por acaso.

11

O DESEJO ARDENTE

Já falei algumas vezes sobre o desejo ardente para o aprendizado de inglês. Isso porque ele é imprescindível para que você tenha sucesso nos estudos. Não se trata só de um desejo, mas sim de um desejo ardente, de uma vibração incontrolável. Um desejo que nunca cessa até que você domine o idioma.

Algumas pessoas devem se perguntar: por que um desejo ardente para aprender um novo idioma? A resposta é fácil. Basta pensar nos benefícios que essa nova língua proporcionará: autonomia, liberdade, habilidade de se comunicar em qualquer parte do planeta, talvez até mesmo o emprego dos sonhos.

A verdade é que tudo que desejamos ardentemente, de fato, conseguimos. Esse é um traço comum em todos os homens e mulheres de sucesso. É crucial que nada nem ninguém tire sua motivação. E, quando se sentir fraco e com vontade de desistir, leia novamente este livro para lembrar o motivo pelo qual você tomou a decisão de aprender inglês. Diga para si mesmo: eu sou capaz! E siga em frente, sempre com a visão de túnel — não olhe para os lados, nem para trás, apenas para a frente. Mentalize-se falando fluentemente em inglês — as oportunidades surgirão, os constrangimentos desaparecerão e o respeito virá. Sim, respeito, pois você será muito mais admirado, seja no Brasil, seja em qualquer outro lugar do mundo, quando as pessoas souberem que você é bilíngue.

Uma coisa é certa: se não tiver esse desejo ardente e nem sequer tentar buscá-lo, fatalmente, você entrará para o rol dos que fracassaram. Entenda: ninguém aprende um novo idioma sem querer ou por acaso. Antes de tudo, é precisoquerer e se dedicar com afinco. Daí, atingir a fluência será apenas questão de tempo. Escreva seu objetivo em uma folha de papel, fixe-o em algum lugar e leia-o todos os dias, pois as atribulações do cotidiano certamente tentarão tirar seu foco. Lembre-se: "Se você quer, você pode!"

Nosso cérebro é a máquina mais poderosa do mundo e jamais podemos subestimá-la.

12

NÃO SUBESTIME A MÁQUINA QUE ESTÁ DENTRO DE VOCÊ

Essa máquina superpoderosa tem um nome: cérebro. E não podemos, em hipótese alguma, subestimá-lo. Lembre-se de que todas as invenções que revolucionaram a humanidade foram criadas por ele através do homem. Se hoje possuímos tecnologias que facilitam nossas vidas é por causa dessa máquina, que foi capaz, inclusive, de levar o homem à Lua.

Então, por que duvidamos de nossa capacidade de aprender um simples idioma? Pensando nesses termos, aprender inglês se torna uma tarefa fácil e que depende apenas de nossa persistência, paciência e perseverança.

Existem estudos que indicam que cada parte de nosso cérebro é responsável por uma habilidade específica, tal como o aprendizado de novos idiomas. Sendo assim, tudo que precisamos é alimentar nossa máquina com informações, por exemplo, verbos, vocábulos e expressões, e o restante ela fará por si só. Tenha isso em mente, e o caminho não será tão árduo. Apenas acredite, faça a sua parte e siga em frente. Você certamente se surpreenderá com o resultado.

Se você decidiu aprender inglês, pense e respire isso 24 horas por dia.

13

RESPIRE INGLÊS

Costumo falar para meus alunos que, em tudo que nos propomos a fazer, precisamos nos jogar de cabeça. Para aprender um novo idioma, não será diferente. Devemos viver, sentir e respirar esse propósito, pois, quando fazemos as coisas sem paixão, apenas por fazer, logo perdemos o interesse e desistimos no meio do caminho. Se você decidiu aprender inglês, pense e respire isso 24 horas por dia. Observe como a língua se aplicaria a seu redor, em suas atividades. Assista a filmes e notícias e escute músicas para adquirir mais vocabulário e, principalmente, aprender a pronúncia das palavras. O novo idioma deve se tornar natural para você. Para isso, nada melhor do que trazer essa realidade para o seu dia a dia.

Seguindo essas dicas, não há como dar errado. Para os brasileiros que moram nos Estados Unidos, é ainda mais fácil, haja vista que o estudante se encontra em um ambiente totalmente favorável ao aprendizado. Mas que fique claro que, se não houver interesse, determinação e esforço, nada disso adiantará. Mais adiante, darei algumas dicas para potencializar seu aprendizado. Fique ligado!

O sotaque deveria ser uma das menores preocupações dos estudantes de inglês.

14

E QUANTO AO MEU SOTAQUE?

Se você não nasceu nos EUA ou não se mudou quando pequeno para lá, com toda a certeza, você terá sotaque. Alguns mais, outros menos, mas todos terão, por mais que saibam bem inglês. Em algum momento, todos escorregarão na pronúncia. Nós, brasileiros, somos um tanto quanto privilegiados nesse aspecto, pois nos adaptamos muito bem à língua, talvez por nossa proximidade com a cultura norte-americana — crescemos assistindo a filmes de Hollywood e usufruímos da gastronomia *junk food*. Vivendo nos Estados Unidos, observo que poucos povos conseguem pronunciar tão bem as palavras inglesas quanto nós. Existem pessoas de outras nacionalidades que, independentemente do quanto estudem ou de que vivam no país, carregam um forte sotaque, que quase nunca é perdido.

A realidade é que o sotaque deveria ser uma das menores preocupações dos estudantes de inglês; muito mais importante é se comunicar com clareza e respeito à gramática da língua. Ademais, não temos o menor controle sobre nosso sotaque, pois não nascemos nos Estados Unidos. O inglês é apenas o nosso segundo idioma. Sendo este um país de imigrantes, não é raro ver pessoas falando com sotaque e, às vezes, até de forma errada, então a vergonha de falar também não deve ser um fator impeditivo para se expressar.

Pelo fato de a língua inglesa ser considerada o idioma universal, precisamos ter em mente que nosso foco deve estar na comunicação. É isso que importa: conseguir se expressar e ser compreendido o suficiente para resolver problemas, fazer negócios etc.

Não temos obrigação nenhuma de falar sem sotaque, como os nativos. E, se algum dia um norte-americano zombar de você por conta disso, lembre-o de que você já tem sua língua materna, que, a propósito, é uma das mais difíceis do mundo, e que o inglês é seu segundo idioma. Isso o fará ficar extremamente envergonhado, pois raramente os cidadãos estadunidenses dominam uma segunda língua.

Entretanto, a bem da verdade, há muitos deles que respeitam e admiram os imigrantes que se esforçam para aprender inglês. E não são raras as vezes que eles ajudam essas pessoas a se comunicar, inclusive elogiando e incentivando como forma de reconhecer o esforço dessa brava gente que tem coragem de deixar sua terra natal em busca de uma vida melhor para si e sua família.

A única coisa que
poderá te tirar da rota
é desistir no meio
do curso.

15

PERSISTÊNCIA É TUDO

Sempre digo aos meus alunos: "A única coisa que poderá te tirar da rota é desistir no meio do curso." E essa é a mais pura verdade. Grande parte das pessoas nunca termina um curso e ainda se pergunta por que nunca aprendeu inglês após anos de paradas e recomeços em diversas escolas de idiomas.

Independentemente de como você está estudando — sozinho, em um curso on-line, com um professor particular ou em uma escola de idiomas— o principal é ter persistência. As pessoas dificilmente têm perseverança, constância, firmeza e disciplina nos estudos, e ainda esperam atingir a fluência. Algumas começam cheias de gás, se matriculam em uma escola, compram livros e, depois de alguns poucos meses, desistem; outras pagam um preço alto por um curso e nem sequer comparecem ao primeiro dia de aula. Assim jamais conseguirão. Não existe vitória sem luta, tampouco há atalho ou mágica nesse processo.

Não importa quanto tempo demore, o que importa é que você não pare. É apenas uma questão de tempo até que você atinja a sua meta. Caso dê um gás nos estudos, dedicando-se o máximo que puder, assistindo a filmes, escutando músicas e se comunicando com nativos, certamente aprenderá mais rápido. Mas você também pode levá-los com calma — conforme o velho ditado, "Devagar e sempre" — e, no tempo certo, você chegará lá. Não se concentre nas dificuldades do aprendizado, mas sim na glória de aprender um novo idioma e nas oportunidades que terá quando estiver fluente.

Quando falo da falta de persistência por parte das pessoas, não me refiro apenas aos estudos, mas literalmente a tudo na vida: negócios, relacionamentos, leituras etc. Então, diferencie-se dessa grande massa que não tem objetivos na vida, que vive à deriva esperando por algo bom acontecer sem o mínimo de esforço. Pense fora da caixa e, com toda a certeza, obterá resultados vitoriosos. Perseverança é tudo! Visão de túnel sempre!

O estudo do inglês é um longo processo e requer muita persistência.

16

A TEORIA DA ESCALADA DA MONTANHA

Durante minha carreira como professor de inglês, criei o que chamo de Teoria da Escalada da Montanha, que representa a maneira como entendo o processo de aprendizado do inglês. A ideia é que você pense em seus estudos como se estivesse escalando uma montanha: durante a subida, é necessário ter constância, foco e perseverança, pois, a cada vez que desiste, você escorrega de volta para a base. Não é possível parar durante a escalada em um ponto e ficar ali para sempre, pois não há apoio para sustentá-lo. Você certamente terá que descer e desistir da escalada por um tempo até que tente mais uma vez a subida em algum outro momento que julgue necessário. Observe que existe um ponto na subida dessa montanha em que você poderá até dar uma descansada por um tempo, pois ali você terá uma plataforma, um suporte para te segurar e te apoiar, e mesmo que você decida fazer essa parada, não retrocederá, não precisará descer até o pé da montanha novamente. Dali você poderá descansar e observar o quanto já caminhou e conquistou com os próprios esforços. Neste ponto, fazendo uma analogia com seu curso de inglês, mesmo que não continue seu curso por um tempo, você pode considerar de certa forma que já aprendeu inglês, pois já consegue se comunicar no idioma.

Compare essa atividade com andar de bicicleta: uma vez que se aprende, nunca mais se esquece. Você pode ficar inativo por anos, mas, quando voltar a andar, apesar de estar enferrujado, pegará o jeito de novo. Chamamos isso de memória muscular. No caso do inglês, ocorre a mesma situação: você pode ter um pouco de dificuldade para voltar a falar, mas, com um pouco de prática, estará se comunicando como antes.

Que lição tiramos dessa teoria? O estudo de inglês é um longo processo e requer muita persistência. Ao começar um curso, o ideal é que você vá até o fim, mas, caso precise dar um tempo, o faça em um ponto seguro dos estudos, ao qual você possa retornar facilmente, pois já terá um aprendizado consolidado. E então, quando retornar, faça o máximo para alcançar o topo dessa montanha.

Porém, é preciso que algo fique bem claro: o estudo de inglês, de certa forma, nunca terá fim, pois é impossível saber tudo e a atualização deve ser constante. Assim, você pode melhorar cada dia mais o seu conhecimento e a sua fluência no idioma. Eu mesmo, como professor, estudo inglês ininterruptamente há mais de trinta anos e aprendo todo dia. Primeiro, você aprenderá o "feijão com arroz", o básico para se comunicar, mas, com a continuidade dos estudos, evoluirá cada vez mais e mais.

Então, a dica que dou é que você siga em frente até sentir que atingiu a fluência e que não pare por aí: continue estudando para melhorar cada vez mais seu inglês. Quando atingir esse ponto da "montanha", você mesmo perceberá e entenderá exatamente o que estou falando.

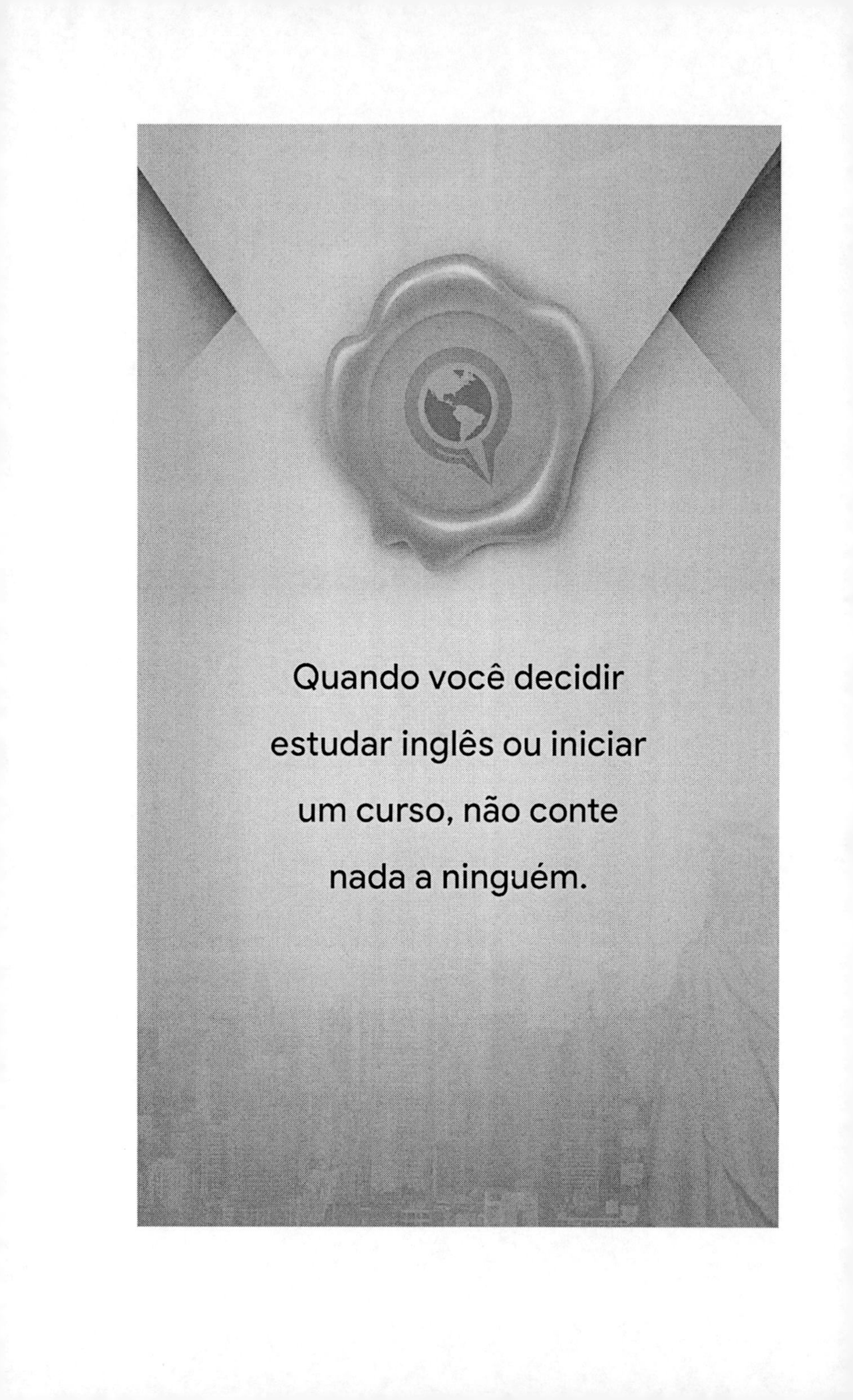

Quando você decidir estudar inglês ou iniciar um curso, não conte nada a ninguém.

17

PESSOAS TÓXICAS

Talvez você nunca tenha pensado nisso, mas essas pessoas existem por toda parte — podem ser amigos, colegas de trabalho, até mesmo parentes — e é de extrema importância que você saiba identificá-las em sua vida, para mantê-las distantes. Isso porque elas são negativas e não agregam nada em nossas vidas, muito pelo contrário, nos atrapalham, pois são indivíduos que não têm objetivos e que, por isso, não querem que ninguém ao seu redor seja bem-sucedido.

O fato é que, ao sair do círculo de pessoas acomodadas e pensar fora da caixa, você chama a atenção, e essas pessoas não gostam disso. Algumas, inclusive, passam a ver em você uma ameaça e tentam desmotivá-lo, pois seu sucesso é prova da incompetência delas. E isso elas não querem de forma alguma.

Dessa maneira, quando decidir estudar inglês ou iniciar um curso, não conte nada a ninguém. Simplesmente mantenha segredo, tome a decisão e avance para o seu objetivo, pois isso só interessa a você. Deixe que futuramente seu sucesso faça barulho por você.

Quando você espalha para os quatro cantos seus planos e feitos, estará mais exposto aos "amigos tóxicos", que farão de tudo para desestimulá-lo. Dirão que estudar inglês não vale a pena, que não é necessário, que esse ou aquele método não funciona ou que você está perdendo tempo. Tampe seus ouvidos e siga em frente sem olhar para trás. O prazer de ouvir as pessoas celebrarem sua vitória e te perguntarem como você conseguiu não tem preço.

Por fim, deixo a dica: junte-se a pessoas que têm o mesmo objetivo que você. Busque fóruns de estudantes de inglês nas redes sociais, faça grupo de estudos com seus colegas de classe, pois isso o ajudará a se manter motivado nessa caminhada difícil, mas gratificante. Creia nisso!

A língua inglesa é relativamente fácil, difícil é o processo para aprendê-la.

18

TIRE PROVEITO DAS EXPERIÊNCIAS NEGATIVAS

O estudo de inglês não é tarefa fácil, pelo simples fato de você ter que se manter motivado durante o processo. Costumo dizer aos meus alunos que a língua inglesa é relativamente fácil, difícil é o processo para aprendê-la. Para isso, há uma dica infalível: relembrar todos os constrangimentos e as perdas de oportunidades que você já passou por não saber inglês. A verdade é que toda batalha começa internamente, e, uma vez vencida, somos capazes de atingir o que quisermos na vida.

Nos Estados Unidos, é muito comum que imigrantes não falem inglês fluentemente e, em alguns casos, saibam apenas o básico para se comunicar. Por vezes, uma parte desse grupo simplesmente se acomodou em suas comunidades nativas, nas quais não é preciso falar inglês. Por outro lado, alguns acreditam que é impossível aprendê-lo, seja por pensarem que estão velhos demais para tal, seja por não acreditarem na própria capacidade. Se esse é seu caso, quando pensar em desistir, traga à memória todos os percalços por que você já passou pela falta do inglês: os micos que pagou, as oportunidades que perdeu para sempre, as amizades e os amores que deixou de ter. Para quem mora no Brasil, vale relembrar situações em que você perdeu boas oportunidades de trabalho em grandes empresas no país ou até mesmo no exterior pela falta da língua. Esse será seu combustível para seguir.

A grande verdade é que nunca saberemos quando uma oportunidade pode bater à nossa porta. Assim, a melhor atitude é se preparar para ela, pois o sentimento de fracasso por uma oportunidade perdida definitivamente não é nada bom. Bola para a frente!

Entendo que nossos sentimentos bons atraem coisas positivas, melhoram o humor e nos guiam a nosso objetivo.

19

TIRE PROVEITO DAS SITUAÇÕES POSITIVAS

Existem pessoas que tiram dos problemas seu incentivo. Já outras são motivadas pela perspectiva de oportunidades futuras. Acredito que ambas as técnicas funcionam, pois somos seres distintos e o que funciona para um pode não funcionar para outro. Particularmente, prefiro focar nos efeitos positivos de atingir meu tão sonhado objetivo: o que poderei adquirir, usufruir e viver ao chegar lá. Mas também não posso negar que as situações negativas em minha vida me deram um grande empurrão para minhas conquistas.

Entendo que nossos sentimentos bons atraem coisas positivas, melhoram o humor e nos guiam a nosso objetivo. Mantendo-nos com esse nível de energia positiva, sem dúvida atrairemos pessoas com intenções semelhantes, que podem, inclusive, nos ajudar a atingir nossas metas.

Portanto, nessa árdua caminhada de aprender um novo idioma, o melhor é fazer as coisas com alegria. Mesmo cansado, busque a positividade dentro de si, pois ela só tem a ajudar. Lembre-se mais uma vez: o inglês é fácil, difícil é a caminhada. Assim sendo, percorra a trajetória com alegria e dedicação.

Os bens materiais são finitos, mas jamais o conhecimento.

20

INGLÊS PARA QUÊ?

Meu querido leitor, existem vários motivos pelos quais uma pessoa decide aprender inglês: para se preparar para uma oportunidade de trabalho; para estudar ou trabalhar no exterior; para viajar pelo mundo; ou, até mesmo, para conhecer outra cultura. A lista não para por aí. Estudar um idioma não faz mal a ninguém, pelo contrário, torna-nos mais capacitados, antenados e interessantes. Assim, seja qual for o seu motivo para aprender inglês, todos são admiráveis e louváveis. Assim, descubra qual é o seu motivo e, seja ele qual for, e só pare quando estiver fluente.

Muitos brasileiros que moram nos EUA, por exemplo, não têm o mínimo interesse em aprender inglês, simplesmente porque vão para o país só para trabalhar, ganhar dinheiro e investir de volta no Brasil. Esquecem que o dinheiro e os bens materiais são finitos, mas jamais o conhecimento — isso ninguém tira. Então, se esse é seu pensamento, reveja-o, pois conhecimento nunca é demais. Acredite, você não quer ser visto com estranheza por não dominar inglês apesar de ter vivido em um país perfeito para aprendê-lo. Ainda há tempo, basta você querer.

Todos temos tempo,
o que precisamos
é definir nossas
prioridades.

21

O MELHOR MOMENTO PARA APRENDER

Você saberia me responder qual é o melhor momento para estudar inglês? Sem medo de errar, posso lhe garantir que esse momento não existe: ou você o cria, ou ele nunca chegará. A verdade é que, se esperarmos a melhor hora, nunca faremos nada. Quando nos tornamos adultos, estamos sempre ocupados e atribulados com nossas ocupações diárias, com a família etc. e, se o estudo não for incluído nessa rotina, nunca aprenderemos um novo idioma.

Muitas pessoas se autoboicotam durante toda a vida: dizem a si mesmas que não têm disponibilidade para isso ou aquilo, mas, na verdade, estão acomodadas e não fazem o menor esforço para sair de sua zona de conforto. A dica que dou para quem vive arrumando desculpas é: faça uma avaliação de seu tempo e descubra que atividades e pessoas não o merecem. Calcule quanto tempo você passa navegando nas redes sociais ou assistindo a filmes e programas que em nada agregam ao seu crescimento pessoal. Além disso, observe as pessoas em seu convívio: quais delas vivem te alugando e sugando sua energia? Repense essas relações, pois seu tempo é valioso e deve ser investido em você. Não estou recomendando que você não ajude as pessoas, apenas filtre-as para identificar os "malas" em sua vida. Todos temos tempo, o que precisamos é definir nossas prioridades.

O próximo passo é tomar a decisão de aprender inglês. Pesquise o melhor curso de idiomas disponível e se matricule imediatamente. Feito isso, estude até o fim e não pare até que se torne fluente. Lembre-se: o segredo do inglês está na perseverança.

Se você estiver seguro e firme em seu propósito, certamente não desistirá ao encontrar a primeira dificuldade.

22

TUDO ACONTECE QUANDO VOCÊ DECIDE

Guarde bem esta informação: poucas pessoas desejam que você seja bem-sucedido, cresça e vença. A verdade é que, toda vez que decidimos fazer algo para melhorar nossas vidas, como fazer um curso, buscar um novo emprego etc., tudo acontece para nos desviar desse objetivo. Creio fortemente em Deus e penso que, de certa forma, temos nossa força de vontade e nosso desejo de crescer postos à prova: são reais ou não passam de "fogo de palha"? Assim, se você estiver seguro e firme em seu propósito, certamente não desistirá ao encontrar a primeira dificuldade. Acredite no que digo, pois já vi isso ocorrer durante minha carreira de professor, pelo menos, uma centena de vezes.

O primeiro desafio será ir à instituição para fazer a matrícula. Persevere nisso, e a dificuldade passará a ser comparecer ao primeiro dia de aula. Se, ainda assim, você conseguir, a próxima provação serão eventos diários no mesmo horário das aulas. Caso se deixe vencer, você acabará voltará ao círculo vicioso em que grande parte das pessoas está. Por isso, peça força a Deus, mantenha-se firme e deixe bem claro seu compromisso com o curso naquele dia e horário. Assim, você logo será deixado em paz, seja por seus "amigos", seja por forças estranhas (cada um é livre para interpretar de acordo com a própria crença).

O início do curso não é fácil, e será preciso um tempo considerável até que a vida se equilibre, mas, quando tudo se acalmar, você conseguirá atingir seu objetivo. Essa é uma informação valiosa em sua caminhada rumo ao conhecimento, então não abra mão dela. Ninguém disse que seria fácil, e tudo requer sacrifício, mas você verá que valem a pena as noites mal dormidas e todos os eventos perdidos em prol de seus estudos. Creia nisso!

Mantenha-se firme em
seu propósito e não
deixe que as distrações
o afastem de sua meta.

23

INGLÊS É FÁCIL?

Sim, a língua inglesa é relativamente fácil. Costumo dizer que difícil é a caminhada para aprendê-la. Percebemos isso quando a comparamos com a nossa, que é uma das mais complexas do mundo, uma vez que mesmo nós, nativos, com raras exceções, conseguimos dominá-la com perfeição. Eu certamente não sou um deles! Brincadeiras à parte, durante seus estudos, você se deparará com a simplicidade do inglês em vários pontos gramaticais, como os tempos verbais. Você verá isso por conta própria, por mais que esteja discordando de mim neste momento.

O que também colaborará com seu aprendizado é o fato de que o inglês se tornou muito familiar a nós no Brasil, tendo em vista nossa exposição desde muito cedo a filmes, seriados e músicas norte-americanos. Uma coisa é certa: existem diversos fatores inerentes à língua inglesa que o ajudarão a aprender com mais facilidade.

Quando falo sobre a dificuldade da caminhada, refiro-me aos problemas e às lutas que você terá de enfrentar até terminar os estudos. Esteja preparado, porque não será um mar de rosas. O desânimo baterá à porta frequentemente, o corpo cansará, os pensamentos negativos aparecerão, mas o pior são as pessoas que tentarão desanimá-lo lançando palavras negativas, desviá-lo chamando-o para festas, diversões etc. Mantenha-se firme em seu propósito e não deixe que as distrações o afastem de sua meta. Garanto que, ao final, você entrará para o seleto grupo de brasileiros bilíngues, e, a partir daí, o céu é o limite. *Trust me!*

Quando uma pessoa realmente tem o desejo de realizar algo, não existem obstáculos que possam impedi-la.

24

APRENDER SOZINHO OU FAZER UM CURSO?

Se esta é a sua dúvida, posso te afirmar que depende de cada um. Há pessoas focadas que, quando traçam sua meta, não desistem por nada. Costumo dizer que, quando uma pessoa realmente tem o desejo de realizar algo, não existem obstáculos que possam impedi-la de chegar ao seu objetivo. Há também os autodidatas, que conseguem, com uma facilidade impressionante, aprender qualquer conteúdo sem a mediação de um professor, mas esse tipo de caso é extremamente raro. Além disso, na minha opinião, o autodidatismo não é suficiente para atingir a fluência em um idioma. É necessária muita autodisciplina e constância, pois será preciso manter uma carga diária de estudos, exatamente como em um curso presencial, sem que haja alguém para lembrá-lo ou cobrá-lo. Será uma jornada solitária, sem a companhia de pessoas com o mesmo objetivo e que o manterão motivado.

Para mim, o aprendizado em um bom curso de inglês, com um bom professor, garante melhores resultados para o aprendizado de uma nova língua, uma vez que o aluno recebe o suporte e a orientação necessários para atingir o domínio com mais tranquilidade e rapidez. Grande parte das pessoas se adapta melhor a este último modelo. No entanto, seja qual for a forma que você escolher, tenha em mente que o principal é ter força de vontade.

Sem perseverança e determinação, não importa a modalidade, você não atingirá sua meta.

25

CURSO ON-LINE OU PRESENCIAL?

Mais uma vez, depende. Sempre digo que os cursos on-line são o futuro, mesmo sabendo que muitos já estudam nessa modalidade. É uma transição que se parece com a das vendas pela internet: cada vez mais pessoas compram on-line sem o receio de roubo de dados e com a vantagem de receber seus produtos no conforto do lar.

São vários os benefícios dos cursos on-line; um exemplo é a comodidade de poder estudar em qualquer lugar, em quaisquer dias e horários. Mas essa modalidade não funciona para qualquer um, pois é preciso determinação, motivação e disciplina. Tendo essas qualidades, ou pelo menos uma delas, você pode estudar on-line, basta querer.

Já as aulas presenciais, apesar de mais tradicionais, não deixam nada a desejar. Além do acesso direto ao professor, o que permite tirar dúvidas em tempo real, há a interação com colegas que estão ali pelo mesmo propósito, o que ajuda a manter a motivação e pode ser um fator decisivo para o sucesso no estudo.

Portanto, é preciso avaliar cuidadosamente a modalidade com que você mais se identifica e seguir em frente. Lembre-se, contudo, que nenhuma das duas opções oferece garantia de que você aprenderá inglês. Sem perseverança e determinação, não importa a modalidade, você não atingirá sua meta. Não pare até que chegue a seu objetivo!

Não há limite de idade
para estudar inglês.

26

MITOS

Existem muitos mitos sobre o aprendizado de inglês que são perpetuados por quem nem sequer tem conhecimento de causa, e que acabam influenciando negativamente pessoas que não questionam o que ouvem. Vamos a alguns desses mitos:

1. **"Estou muito velho"**: não há limite de idade para estudar inglês. Já tive alunos de todas as faixas etárias; uma delas, por exemplo, tem 70 anos e está aprendendo. A idade não é um empecilho para nada, muito menos aprender um idioma. O que falta, muitas vezes, é vontade e disposição.

2. **"Só se aprende inglês morando no exterior":** outra mentira. Ttive inúmeros alunos e amigos que aprenderam inglês no Brasil sem jamais pisar no exterior. Inclusive, um deles tem sotaque norte-americano, o que geralmente se adquire morando fora. E ele aprendeu inglês numa época em que não havia internet nem outros recursos. Imagine hoje, com tantas ferramentas disponíveis. Do mesmo modo, existem pessoas que vivem há anos no exterior e que não

conseguem manter uma simples conversação. Morar fora certamente pode ajudar no aprendizado, mas não é uma garantia de inglês fluente.

3. **"Só se aprende inglês pensando em inglês":** respeito os colegas que acreditam nessa teoria, mas faço uma pergunta: como você pensará em um idioma que nem sequer sabe? Sendo assim, minha opinião é que a melhor forma de aprender inglês é utilizando nosso próprio idioma materno como base.

4. **"Apenas se aprende inglês perfeitamente nascendo nos Estados Unidos"**: é um grande erro pensar que só assim se aprende inglês perfeitamente. Basta observar as pessoas que nasceram no país — muitas delas também cometem deslizes em sua língua materna, assim como acontece com o português no Brasil. A conclusão é que, mesmo não sendo nativo, o que importa é estudar a língua; só assim você falará corretamente, podendo alcançar uma proficiência até mesmo maior do que a dos nativos.

Saber inglês já não é um diferencial, e sim uma obrigação.

27

O IDIOMA DO FUTURO

Hoje, com 46 anos de idade, lembro-me de todos destacando a importância de se falar inglês no futuro, uma vez que, na minha época, poucos tinham acesso ao ensino de qualidade de um novo idioma, especialmente quem cresceu no subúrbio do Rio de Janeiro, como eu. Com o tempo, o "futuro" foi se desenhando, e fui acompanhando o surgimento de escolas de inglês com mensalidades mais acessíveis, bem como o aumento do interesse de jovens profissionais à procura de intercâmbio, pós-graduação ou MBA no exterior.

Com o advento da internet e a globalização, o futuro chegou, e o inglês de fato se tornou o idioma mais falado comercialmente no planeta. Hoje, saber inglês já não é um diferencial, e sim uma obrigação, tanto é que os jovens já buscam aprender não mais um segundo idioma, mas um terceiro, como o espanhol e o mandarim (graças ao crescimento da China no cenário internacional). Quem não se preparou para os tempos atuais, portanto, terá problemas para se estabelecer no mercado. Mas pense que nunca é tarde para começar, basta tomar a decisão de aprender inglês, ter foco e perseverança. Não espere nem mais um minuto, a hora é agora.

Sei que é difícil sair da zona de conforto, mas a força de um sonho deve ser muito maior do que qualquer barreira.

28

VIVER NO EXTERIOR

Muitos brasileiros sonham em morar ou trabalhar no exterior, mas se esquecem de um requisito importante para realizar esse sonho: dominar o inglês, tendo em vista que ele é o idioma mais falado no planeta. Sei que é difícil sair da zona de conforto, mas a força de um sonho deve ser muito maior do que qualquer barreira que possa existir para atingi-lo. Todos querem colher os frutos, mas ninguém quer pagar o preço. Não existe caminho fácil ou atalho nesse processo. Então, mãos à obra.

O maior erro de grande parte das pessoas é achar que um sonho muito grande não é realizável; por essa razão, desistem sem ao menos tentar. Creia: nada é impossível. É preciso desejar verdadeiramente, se esforçar, ter fé e ver com os próprios olhos os milagres acontecerem. Não se preocupe com como seus projetos serão realizados, apenas faça sua parte: aprenda o idioma de seu futuro país, para que esteja preparado para a oportunidade, quando ela chegar. Nenhum gosto é mais amargo do que o de não ter pelo menos tentado.

Você pode não acreditar, mas, ao tomarmos uma decisão com todo nosso coração, Deus nos guia a ela, abrindo portas, conectando-nos com pessoas, ajudando-nos a alcançar o objetivo. Basta dar o primeiro passo. E não se esqueça de, nessa caminhada, ser grato a Deus todos os dias e de se imaginar vivendo o sonho no futuro destino.

Seja qual for seu plano de ação, é sempre importante consultar um advogado.

29

VISTO DE ESTUDANTE NOS EUA

A solicitação do visto de estudante para entrar nos EUA é um tanto complexa, mas, com planejamento e perseverança, é possível consegui-lo. Nesse processo, sua realidade financeira será muito importante, tendo em vista que você deverá provar ao governo americano que é capaz de custear seus estudos e sua estadia, bem como a de seus familiares, caso eles o acompanhem. Uma alternativa para quem não tem condições de solicitar esse visto é conseguir um *sponsor* (patrocinador), que provará, em seu lugar, que pode fornecer o suporte financeiro necessário. Um detalhe a que você deve estar atento é que o visto F1 não permite que o estudante trabalhe, por isso todo o rigor do governo norte-americano para que você prove que tem condições de se manter no país.

Além disso, é importante buscar uma boa escola nos Estados Unidos, que pode ser uma escola de inglês ou até mesmo uma universidade, para uma pós-graduação em sua área. Algumas escolas, inclusive, oferecem estadia, que é uma boa opção de economia e praticidade. Outra possibilidade é alugar um quarto por temporada em residências de brasileiros, o que proporciona também um suporte de pessoas que conhecem bem a cidade e podem te dar boas dicas.

É comum que brasileiros viajem aos EUA a passeio e decidam ficar; assim, fazem a troca de status já no país. No entanto, apesar dessa possibilidade, ela não é vista com bons olhos pelo governo dos Estados Unidos. Então, o ideal é que você saia do Brasil já com o visto de estudante válido. Isso evita dor de cabeça e garante sua liberdade de ir e vir entre países durante a validade do visto, o que não é permitido caso a troca ocorra em território norte-americano.

Seja qual for seu plano de ação, é sempre importante consultar um advogado de imigração e uma empresa de intercâmbio. Eles já conhecem o caminho das pedras, e economizar nessa fase de preparação e planejamento não é aconselhável. Boa sorte!

CONCLUSÃO

Acredito que, após a leitura deste livro, é possível concluir que o aprendizado de um novo idioma depende única e exclusivamente do aluno, e não de fatores externos, tais como instituição, professor ou determinado material didático.

Bastam apenas um sonho, um desejo e uma tomada de uma decisão para que a fluência, dado o devido tempo, se concretize. Comece os estudos e pare apenas quando concluir seu curso, sem olhar para trás ou para os lados, sempre com a mira no alvo. Não existe barganha, tampouco atalho nesse processo. Ou você leva a sério, ou o fracasso é certo. Então, se este livro, de alguma forma, mexeu com você, não perca mais tempo. A hora é agora: vá em busca de seu objetivo. Em breve, você viverá o sonho daqueles que não tiveram foco e nem garra para pagar o preço do sucesso.

CONVERSANDO COM O AUTOR

Espero que tenha gostado deste livro e tenha tirado bastante proveito. Caso você queira dicas sobre como aprender inglês ou estudar no exterior — ou até mesmo queira estudar comigo através de meu método —, fique à vontade para entrar em contato pelo e-mail autor@globalamazonschool.com.

Grande abraço e fique com Deus!

PAULO AMAZONAS